Inhalt

Immobilienbewertung - Aktuelle Tendenzen

Kernthesen

Beitrag

Fallbeispiele

Zahlen und Fakten

Weiterführende Literatur

Impressum

GENIOS BranchenWissen Nr. 07/2005 vom 06.07.2005

Immobilienbewertung - Aktuelle Tendenzen

Autor GENIOS BranchenWissen: A.Niebler

Kernthesen

- Immobilienbewertungsmethoden differieren je nach Anlass, Auftraggeber oder Zweck und auch neueste Entwicklungen und Gesetze lassen derzeit kein einheitlicheres Vorgehen erkennen.
- Es gibt Tendenzen zur Standardisierung der Bewertung von Gebäuden, um große Immobilienportfolios strukturiert und schnell wertmäßig erfassen zu können.
- Der Abwertungsdruck bei deutschen Immobilienfonds steht im Widerspruch zum Interesse ausländischer Investoren.
- Investoren fragen verstärkt nach angelsächsischen Bewertungsmodellen nach.

Beitrag

Die Diskussion um die "richtige" Wertermittlung von Immobilien entbrennt immer wieder neu, zuletzt anlässlich des (geplanten) Verkaufs von Firmenimmobilien wie denen des Metro-Konzerns oder der DaimlerChryslerAG. Fälle wie die Bewertung der Telekom-Immobilien beim Börsengang 1995 oder den Immobilien des Deka-Fonds zeigen, dass dabei oftmals große Meinungsverschiedenheiten über die Wahl der Bewertungsmethoden auftreten. (1), (2)

Bewertungsanlässe

Aufgrund stagnierender oder fallender Immobilienpreise nimmt seit Jahren das Interesse an Immobilienbewertungen zu. Steigende Zahlen von Kauf- und Verkaufsfällen, Erbfällen, Insolvenzen, Zwangsversteigerungen und Vermögensfeststellungen erfordern vermehrt sachlich richtige Bewertungen.
Neue Aufgaben ergeben sich darüberhinaus aus den Anforderungen an die Rechnungslegung kapitalmarktorientierter Unternehmen, deren Jahresabschlüsse seit Anfang 2005 nach dem International Financial Reporting Standard (IFRS)

erstellt werden müssen, den Erfordernissen der Basel II-Beschlüsse für die Kreditvergabe, sowie für speziellen Finanzierungsformen wie z. B. bei der Securitisation. (3) Angesichts der Tatsache, dass ein großer Teil des volkswirtschaftlichen Vermögens im Immobiliensektor konzentriert ist, ist die Frage der richtigen Bewertung auch von öffentlich-rechtlichem Interesse, weshalb der Gesetzgeber auf Basis des Baugesetzbuches (BauGB) eine Wertermittlungsverordnung (WertV) erlassen hat. In dieser sind die anzuwendenden Verfahren (Vergleichswert-, Ertragswert- und Sachwertverfahren) beschrieben und erläutert. Banken, Versicherungen oder Investoren benötigen jedoch oftmals Wertermittlungen für ganz bestimmte Zwecke (Kreditvergabe, Versicherungssumme, Investitionsentscheidungen, etc.) und führen dafür Wertermittlungen nach eigenen Maßstäben und Vorgaben durch, die nicht in den vorgenannten Gesetzen und Verordnungen vorgesehen sind.
Aus der Verschiedenheit der Bewertungsaufgaben und -zwecke für unterschiedlichste Anlässe und Auftraggeber deutet sich die Problematik einheitlicher Bewertungsmethoden bereits an. (3), (5)

Unternehmensimmobilien

Wie wichtig richtige Bewertungen sind, zeigt sich für (mittelständische) Unternehmen immer dann, wenn Sicherheiten für Kredite gefordert werden, bzw. wenn diese Sicherheiten, nach Neubewertung der Immobilien, nicht mehr ausreichen und dann zur Kündigung von Krediten führen. Gerade mittelständische Unternehmen mit zu wenig Eigenkapital können hierbei schnell unter Druck geraten und zum Insolvenzfall werden. (8)

Standardisierung der Wertermittlung bei Banken

Umgekehrt ist die richtige Ermittlung des Beleihungswerts für Banken ein wichtiges Kriterium für den geschäftlichen Erfolg. Banken gehen dabei unterschiedliche Wege den Bewertungsprozess zu standardisieren.

Die DG Hyp hat beispielsweise mit ihrem Tochterunternehmen VR Wert Gesellschaft für Immobilienbewertungen ein Tätigkeitsfeld besetzt, das insbesondere der schnellen Prüfung von Kleinkrediten dienen soll. Das Bundesaufsichtsamt für das Kreditwesen (BaFin) schreibt auch bei Kleindarlehen unter 307.000 Euro die Begutachtung von Beleihungsobjekten vor. VR Wert übernimmt dabei mit weiteren Partnern wie der Dekra Real Estate, der On-Geo GmbH und der Inframation AG die schnelle Bereitstellung grundstücksbezogener Daten durch Abfrage amtlicher Datenbestände und anderer öffentlicher Institutionen über das Internet. Der Dienst wird auch externen gewerblichen Kunden zur Verfügung gestellt. Des Weiteren werden zusätzlich ein Bericht über eine Grundstücksbesichtigung, eine Marktwertberechnung sowie Fotos zur Verfügung gestellt. Auf dieser Basis können die Kunden (Banken) ihre Kreditzusage machen oder nochmals eigene, genauere Ermittlungen durchführen. (7)

Die HypoVereinsbank hat nach gut zweijährigem Einsatz ihr Markt- und Objektrating "Morix" so weiterentwickelt, dass auch teilautomatisierte Wertermittlungen als Prognoseinstrument für den Marktwert durchgeführt werden können. Dabei werden insgesamt 26 verschiedene Kriterien, bestehend aus unterschiedlichen Indikatoren, zu Gruppen zusammengefasst und gewichtet. Das Verfahren entspricht weitgehend dem "European Property and Market Rating" der Tegova (The European Group of Valuers` Association). Das System soll insbesondere bei Portfoliobewertungen zum Einsatz kommen, bei denen Einzelbewertungen aufgrund des großen Umfangs nicht durchgeführt werden können. (5), (6)

Abwertungsdruck bei Fondsimmobilien?

Die Frage, ob Immobilien in Deutschland über- oder unterbewertet sind, ist nach wie vor strittig. Immer wieder werden aus unterschiedlichen Gründen Forderungen nach Wertkorrekturen bei Immobilienfonds laut. Ein Grund hierfür ist in den hohen Leerstandsraten von Büro- und Gewerbeimmobilien zu sehen, aber auch die Frage nach der "richtigen" Bewertung, wie beispielsweise beim Streit um die Deka-Immobilien, tritt in den Vordergrund. Ergeben sich nämlich allgemein so hohe Abweichungen bei Bewertungen unterschiedlicher Gutachter wie im Fall der Deka-Fonds, wäre mehr als 10 Prozent des Gesamtvermögens der Branche (105,3 Milliarden Euro, Stand: September 2004) als unsicher zu klassifizieren. Die Konsequenz wäre der Ausstieg von Privatanlegern ebenso wie der von (ausländischen) institutionellen Anlegern in Spezial-Fonds. (2)

Ausländische Investoren fordern

andere Bewertungsmethoden

Dass dem aber nicht so ist, zeigte sich besonders in den letzten Monaten durch den massiven Einstieg institutioneller Anleger. Einiges spricht für die Richtigkeit der Einschätzung von Bundesbank-Vorstand Edgar Meister, dass keinesfalls von einer allgemein zu hohen Bewertung der deutschen Immobilien auszugehen ist, da andernfalls nicht ein so großes Interesse ausländischer Investoren vorhanden wäre.
Der Anpassungsdruck innerhalb Europas hinsichtlich einheitlicher Standards bei Bewertungsfragen rührt nicht nur aus den Basel II - Vorschriften und deren Umsetzung in der EU, sondern auch aus den Forderungen der Investoren. (5)
Grundlage der Investitionsüberlegungen internationaler Investoren ist i.d.R. das von diesen angewandte Discounted-Cash-Flow-Verfahren (DCF-Verfahren), das vor allem in den USA, den Niederlanden und den skandinavischen Ländern zur Anwendung kommt.
Zu berücksichtigen ist dabei, dass das Verfahren vorwiegend einen finanzmathematischen Hintergrund hat, da damit der interne Zinsfluss ermittelt werden kann und somit ein einfacherer Renditevergleich verschiedener Immobilien, aber (im Einzelfall) auch gegenüber anderen Anlageformen (z. B. Aktien), möglich ist. Letzteres ist jedoch kritisch zu

bewerten.
Bei aller Diskussion um das richtige Verfahren ist jedoch zu berücksichtigen, dass die sachgerechte Anwendung beider Verfahren das gleiche Ergebnis erbringen müsste, nämlich eines, das auch bei Zugrundelegung einer konkreten Markttransaktion erzielt werden könnte. Die Anwendung beider Verfahren zur gegenseitigen Kontrolle würde sicherlich zu einer stärkeren Objektivierung führen.
(4)

Ausblick

Die Globalisierung wird mittelfristig zur Harmonisierung von Bewertungsmethoden und Begriffen führen. Ein Anfang wurde diesbezüglich beispielsweise mit der Definition des Marktwerts getan, der mittlerweile seit Novellierung des Baugesetzbuchs (BauGB) inhaltlich, (wenn auch nicht dem Wortlaut nach,) der Definition anderer internationaler Standards angepasst wurde, u. a. der der "Royal Institution of Chartered Surveyors - RICS" oder der "The European Group of Valuers Association - Tegova".
Einheitliche Wertermittlungsmethoden stehen jedoch in weiter Ferne und sind angesichts unterschiedlicher Marktbedingungen auch gar nicht praktikabel. Viel

entscheidender wird zum einen die Beurteilung der zur Verfügung stehenden Daten, d. h. die Herstellung von Markttransparenz sein. Zum anderen ist auch die Rolle der Gutachter zu beachten, die sowohl unternehmensintern als auch -extern arbeiten. Zunehmend wird deren Unabhängigkeit vorausgesetzt. (3)

Fallbeispiele

Telekom-Immobilien

Die Ermittlungen gegen die Telekom wegen der vermuteten Falschbewertung ihrer Immobilien im Rahmen des Börsengangs 1995 wurden zwar gegen Geldstrafe eingestellt. Auch die Wirtschaftsprüfer, die den Bewertungen zugestimmt hatten, haben einer Zahlung für einen gemeinnützigen Zweck zugestimmt. Nach Ansicht der Staatsanwaltschaft war der Immobilienbestand in den Jahren 1995 bis 1997 um 2 Milliarden DM zu hoch angesetzt. Die Zivilklagen von rund 15.000 Anlegern vor dem Landgericht Frankfurt werden weitergeführt. Es stellt sich jedoch die Frage, wie eine solche

Fehleinschätzung zustande kommen konnte. Der Konzern kritisiert an dem von der Staatsanwaltschaft beauftragten Gutachten zur Überprüfung der ursprünglichen Bewertung, dass auch hier gleichartige Grundstücke und Gebäude zu Gruppen zusammengefasst wurden und Durchschnittswerte ermittelt wurden, statt Einzelbewertungen durchzuführen. Dies ist aber allein aufgrund der Menge der Telekom-Immobilien unmöglich. (1), (9)

Deka-Immobilienfonds

Die Bewertung von Immobilienvermögen der Deka-Immobilienfonds durch Sachverständige nach Investmentgesetz und Markterfahrung hat einen offensichtlich um 700 Millionen Euro höheren Wert ergeben als die Wertermittlung durch Wirtschaftsprüfungsgesellschaften im Auftrag der Bundesanstalt für Finanzdienstleistungsaufsicht. Die Differenzen beruhten auf unterschiedlichen Annahmen bei Restnutzungsdauern, Liegenschaftszinssätzen, Mietausfallwagnis, sowie Instandhaltungs- und Verwaltungskosten. Jedoch konnten offensichtlich trotzdem Verkäufe auf Basis der urspünglichen Schätzung getätigt werden. Daraufhin wurde allgemein der Vorwurf laut, im Immobilien-Investmentbereich werde insgesamt zu wachstumsorientiert bewertet. (2)

DaimlerChrysler Immoblien

Der DaimlerChrysler Konzern überprüft derzeit seinen gesamten Immobilienbesitz. In der Bilanz wird der Wert des gesamten Immobilienbestands von DaimlerChrysler mit 20,99 Mrd. Euro angegeben. Ob sich ein Käufer findet und welchen Preis dieser zu zahlen bereit ist, ist derzeit noch ungewiss.

Metro Immobilien

Die Metro wollte sich von über 300 Immobilien - zusammengefasst in der Tochter AIB - im Wert von mindestens drei Mrd. Euro trennen. Doch das Geschäft ist aufgrund unterschiedlicher Preisvorstellungen gescheitert.

Zahlen & Fakten

In Deutschland gebräuchliche Bewertungsmethoden zur Feststellung des Verkehrswerts

Die nachfolgend erläuterten Verfahren sind in der

Wertermttlungsverordnung (WertV) und ergänzend im Baugesetzbuch (BauGB) gesetzlich geregelt und werden dort beschrieben und erläutert. Die Anwendung dieser Verfahren ist bei vielen Bewertungsaufgaben vorgeschrieben.

Vergleichswertverfahren

Das primär zu verwendende Verfahren, dessen Voraussetzung jedoch das Vorliegen entsprechender Vergleichswerte in ausreichender Anzahl ist. Liegen diese nicht vor, ist je nach Bewertungsaufgabe eins oder beide nachfolgenden Verfahren anzuwenden und deren Ergebnisse zu gewichten (das jeweils andere Verfahren sollte zur Überprüfung herangezogen werden).

Ertragswertverfahren

Aus dem Ertrag einer baulichen Anlage/eines Grundstücks und dem Liegenschaftszinssatz, der durch die Gutachterausschüsse festgestellt wird, sowie der Restnutzungsdauer wird der Ertragswert des Gebäudes/Grundstücks ermittelt.

Sachwertverfahren

Aus dem Wert des Bodens und dem Zeitwert der baulichen Anlage einschl. Pflanzungen o. ä. sowie einem Marktanpassungsfaktor, ergibt sich der Sachwert des Gebäudes.

Beleihungswertverfahren

Wird i.d.R. nur von Kreditinstituten zur Entscheidung über zu vergebende Kredite angewandt. Entspricht im Wesentlichen der Ermittlung des Verkehrswerts wie zuvor beschrieben, es werden jedoch zusätzliche Sicherheitsabschläge vorgenommen.

+Internationale Verfahren

Bei den internationalen Verfahren handelt es sich i.d.R. um Verfahren, die im angelsächsisch-amerikanischen Raum gebräuchlich sind. Sie werden vorwiegend von den dort ansässigen Investoren (Fonds, Reits, ImmobilienAG`s) traditionell angewandt. Darüber hinaus existieren in anderen Ländern weitere Verfahren mit jeweils eigenen, länderspezifischen Vorschriften.

Discounted-Cash-Flow-Verfahren (DCF-Verfahren)

Das Verfahren ist ähnlich konzipiert wie das Ertragswertverfahren. Die zeitliche Veränderlichkeit zukünftiger Erträge findet jedoch bereits in den

Ansätzen Berücksichtigung, nicht, wie beim Ertragswertverfahren, im Liegenschaftszinssatz. Dadurch erhöht sich die Transparenz, nachteilig wirkt sich jedoch die fehlende Marktanpassung aus.

Profits-Method-Verfahren

Die Methode wird nur zur Bewertung von Immobilien mit nur einer ganz spezifischen Nutzung (z.B. Kino, Parkhaus, etc.) herangezogen, oder hilfsweise zur Bewertung von Betreiberimmobilien (z.B. Hotels, Tankstellen, Seniorenheime o. ä.). Die Bewertung findet durch Kapitalisierung des zukünftigen Gewinns eines Betriebes statt. Bei Anwendung dieser Methode sind genaueste Marktkenntnisse im jeweiligen Betreibermodell notwendig, um die Gewinnsituation des Betriebs zuverlässig einschätzen zu können.

Weiterführende Literatur

(1) Telekom-Verfahren wird eingestellt Manager müssen wegen falscher Bilanz nicht vor Gericht / Immobilien nicht korrekt bewertet
aus Allgemeine Zeitung vom 3.6.2005

(2) Deka Immobilien - Streit der Bewerter
aus Zeitschrift für das gesamte Kreditwesen 01 vom

03.01.2005 Seite 005

(3) Neue Ansätze in der nationalen und internationalen Immobilienbewertung
aus Immobilien & Finanzierung - Der Langfristige Kredit 23 vom 01.12.2004 Seite 793

(4) Aktuelle Fragen der Rechnungslegung von Immobilien-Spezialfonds
aus Immobilien & Finanzierung - Der langfristige Kredit Nr. 15-16 vom 01.08.2004 Seite 490

(5) Aktuelle Entwicklungen in der internationalen Immobilienbewertung
aus Immobilien & Finanzierung - Der langfristige Kredit Nr. 03 vom 01.02.2004 Seite 076

(6) Markt- und Objektrating in der Praxis von Portfoliobewertungen
aus Immobilien & Finanzierung - Der Langfristige Kredit 11 vom 01.06.2005 Seite 406

(7) VR-Wert-Ansatz: Verknüpfung von Geodaten und Objektbesichtigung
aus Immobilien & Finanzierung - Der Langfristige Kredit 11 vom 01.06.2005 Seite 417

(8) Veränderte Immobilienbewertung gefährdet Unternehmensexistenz - Das Gutachten eines neutralen Sachverständigen kann hilfreich sein
aus Die Tabak Zeitung vom 20.08.2004

(9) Neue Zweifel an Telekom-Bilanzen Gutachter der

Staatsanwaltschaft hält Immobilien für überbewertet
· Hoffnung für Anlegerklagen
aus Financial Times Deutschland vom 03.03.2005,
Seite 1

Impressum

Immobilienbewertung - Aktuelle Tendenzen

Bibliografische Information der deutschen Nationalbibliothek

Die Deutsche Nationalbibliothek verzeichnet diese Publikation in der deutschen Nationalbibliografie; detaillierte bibliografische Daten sind im Internet über http://dnb.d-nb.de abrufbar.

ISBN: 978-3-7379-2400-9

© 2015 GBI-Genios Deutsche Wirtschaftsdatenbank GmbH, Freischützstraße 96, 81927 München, www.genios.de

Alle Rechte vorbehalten. Dieses Werk ist einschließlich aller seiner Teile – z.B. Texte, Tabellen und Grafiken - urheberrechtlich geschützt. Jede Verwertung außerhalb der Grenzen des Urheberrechtsgesetzes bedarf der vorherigen Zustimmung des Verlags. Dies gilt insbesondere auch für auszugsweise Nachdrucke, fotomechanische Vervielfältigungen (Fotokopie/Mikroskopie), Übersetzungen, Auswertungen durch Datenbanken oder ähnliche Einrichtungen und die Einspeicherung und Verarbeitung in elektronischen Systemen.